YouTube
파트별성악녹음음원

WISE BEST PRAISE
SERIES Vol. 11

와이즈성가 11집

KB190969

I lift up my eyes to the hills

내가 산을 향하여

와이즈성가
Beyond Praise

"와이즈성가"만의 차별화된
찬양대 지원 프로그램

❶ 온라인 반주 시스템 및 삼익자동반주 와이즈피아노 반주콘텐츠 지원

와이즈뮤직만의 독자적인 기술로 개발된 PC프로그램을 사용하여 정상급 전문 피아노반주자가 연주한 실제와 똑같은 반주를 사용하실 수 있고, 나만의 스타일로 성가반주를 만들어 연습과 예배 찬양에 사용 할 수 있도록 지원합니다.

본 프로그램으로 소규모의 성가대에서는 반주자 도움 없이 자체적으로 찬양을 할 수 있고, 대규모의 성가대에서는 파트연습을 따로 진행하여 연습시간을 대폭 줄일 수 있게 되었습니다. ㈜삼익악기와의 제휴를 통하여 자동반주피아노 구입시 반주자가 없는 교회에서도 실제 반주로 찬양을 드리실 수 있도록 반주콘텐츠를 지원하여 드립니다.

❷ 교회 오케스트라만들기 지원사업

개척교회에서부터 대형교회에 이르기까지 교회 오케스트라를 교인들이 직접 만들고, 각종 연주회와 예배찬양 및 성가대반주를 할 수 있도록 지원하여 드립니다. 교회 오케스트라 지원사업에 참여하시는 교회에는 본 성가곡집을 반주할 수 있는 오케스트라 수준별 편곡 악보를 무상 지원하여 은혜로운 예배를 도와드립니다.

❸ 수준별 교회오케스트라용 악보 무상 지원

교회오케스트라용 반주악보는 그 교회만의 수준과 편성에 맞게 제작되어야 합니다. 또한 피아노와 오르간을 고려한 편곡이어야 합니다. 교회의 남녀노소, 전공자와 초보자가 다함께 연주하실 수 있는 수준별 편곡악보를 제공하여 동일한 은혜를 경험하실 수 있도록 지원합니다.(단, 오케스트라지원사업 참여 교회에 한하여 무상으로 제공하며 별도의 편곡요청은 본사로 문의주시기 바랍니다.)

❹ 최고의 성악가가 녹음한 파트연습음원 및 유튜브 동영상 제공

최정상의 성악가가 직접 파트별로 녹음한 음원을 제공하여 듣기만 해도 저절로 파트연습이 될 수 있도록 성가연습의 편의성과 효율성을 극대화하였습니다. 곡마다 QR코드를 수록하여 간편하게 본인의 파트를 연습할 수 있도록 하였습니다.(자세한 성악가 및 연주자 프로필은 와이즈뮤직 홈페이지www.wise21.com를 통해 확인하실 수 있습니다.)

❺ 성경말씀, 곡해설 및 곡분석 수록

성가집의 각 수록성가마다 곡과 관련된 성경말씀을 수록하여 찬양대원들의 영성있는 찬양을 돕고작곡가의 프로필, 곡해설과 곡분석을 수록하여 보다 깊이 있는 찬양을 준비하실 수 있도록 구성하였습니다. 또한 칸타타는 전문성우가 직접 녹음한 나레이션파일을 별도로 제공하여 은혜로운 찬양을 드리실 수 있도록 지원합니다.(11집부터 홈페이지 다운로드 서비스로 제공합니다.)

❻ ㈜한국찬송가공회와 한국교회음악발전을 위한 협약 체결

한국의 찬송가를 제작, 보급하는 ㈜한국찬송가공회(www.hymnkorea.org)와의 협약을 통하여 한국의 교회음악을 발전시키기 위한 전국 최대 규모의 교회음악세미나, 성가경연대회, 교회오케스트라페스티벌, 찬송가 온라인자동반주시스템 무상지원 및 자동반주피아노 보급 등의 다양한 사업들을 전개하고 있습니다.

Preface

(재)한국찬송가공회 공식성가집

와이즈성가는 한국의 찬송가를 제작, 보급하는 (재)한국찬송가공회(www.hymnkorea.org)와의 협약(2020년 1월)에 의하여 한국의 교회음악을 발전시키기 위한 다양한 사업들을 진행하고 있습니다.

(재)한국찬송가공회의 첫 번째 공식찬송가편곡성가집 "내 주는 강한 성이요"를 출간한데 이어, 매년 성가공모전을 통하여 입상된 국내 작곡가들의 우수한 작품들과 해외의 주옥같은 찬양들을 선곡하여, 기존의 여느 성가집과도 차원이 다른 다양한 시대/장르와 새로운 스타일의 찬양으로 하나님의 은혜와 감동을 느끼실 수 있도록 기획하여 악보를 제작하고있습니다

평균연령이 점점 더 고령화 되어 가는 한국 교회의 현실에서 적은 인원으로도 하나님을 마음껏 찬양할 수 있도록 제작된 "와이즈성가"만의 체계적이고 차별화된 찬양대지원프로그램으로 언제나 하나님께 최고의 찬양을 드리시는 여러분들이 되시기를 소망합니다.

국내외 최고의 작곡가들이 참여하는 와이즈성가

샬롬! 와이즈뮤직 강하늘대표입니다.

한국을 대표하는 교회음악전문기업 와이즈뮤직에서는 작곡가들의 권익을 보호하고, 저작권을 체계적으로 관리하여 안정된 수익을 보장하여, 한국 교회음악의 발전을 이끌어나가기 위하여 "HYMN KOREA"(www.hymnkr.com)를 설립하였습니다.

국내 성가시장은 그동안 저작권에 대한 인식 자체가 전무하여 작곡가들은 저작권을 보호받지 못하고, 일정한 금액에 출판사에 곡을 판매하여 곡에 대한 권리를 주장하지 못하였습니다. 이제 한국의 교회음악시장도 변화해야 합니다. 작곡가들의 권리가 보호되고 그 수익이 증진되어야 뛰어난 찬양이 작곡되어 한국의 교회음악이 발전할 수 있습니다.

와이즈뮤직은 한국 교회음악시장의 잘못된 관행을 바로잡고 건강한 교회음악시장을 형성하여 한국 작곡가들의 권익을 보호하고, 저작권에 대한 체계적인 관리가 진행되어 능력 있는 작곡가들이 안정된 수익을 받을 수 있도록 한국의 교회음악이 세계 최고의 수준으로 나아갈 수 있도록 아낌없는 지원을 해나갈 것입니다.

많은 성가회사들이 1집, 2집.. 순서로 출판을 하다가 수십 권이 출판되면 초창기의 악보들은 절판되고 마는 것이 현실입니다. 시간이 지남에 따라 잊혀지는 찬양이 아니라 와이즈성가가 존재하는 한 세월이 지나도 항상 여러분의 곁에 함께 있는, 영원히 절판이 없는 귀한 찬양을 만들어 나갈 것을 약속드립니다.

Soli Deo Gloria!

와이즈뮤직 대표 강 하 늘

Contents 목차

	1. 내가 산을 향하여 눈을 드니 (I Lift up my eyes to the hills) 플룻&오보에	A. Pote	5
	2. 주께 가오니 (The Power of Your Love)	G. Bullock	20
	3. 찬양해 주님을 (Praise the Lord)	유미	27
	4. 그 손 예수라 (The hand is Jesus)	김선만	34
	5. 우리 눈 여소서 (Open our eyes)	W. C. Macfarlane	45
	6. 나 어느 날 꿈 속을 헤매며 (In fancy I stood by the store, one day)	Arr. by 이진아	54
	7. 손뼉쳐라 (Clap Your Hands) 봉고&카우벨	D. Eddleman	63
	8. 기쁜 찬양의 노래 (A Song of Joyful Praise)	N. Price, D. Besig	75
고난	9. 갈보리에서 주와 함께 (Face to Face at Calvary)	P. M. Liebergen	82
고난	10. 죽으신 주님 (He Chose to Die) 첼로	P. Drennan	88
종려	11. 소리 높여 호산나 (Shout to the King Hosanna!)	M. Patterson	98
부활	12. 살아계신 주 (He Lives)	J. E. Parks	105
어린이	13. 예수께로 가면 (If I go to Jesus, He will make me glad)	Arr. by 서지웅	112
어버이	14. 언제나 바라봐도 (When I look at my mother) 플룻	Arr. by 남지영	120
성령강림	15. 빛이 되시는 성령이여 (O Come, Sweet Spirit)	Arr. by L. Zaninelli	131
교회창립	16. 주님께서 세운 교회 (A Church built by the Lord)	황의구	137
	17. 주의 이름 송축하리 (The Name of the Lord)	Arr. by C. Cymbalia	142
추수감사	18. 추수 찬미 (Come Ye Thankful People)	V. D. Thompson	149
	19. 어린 양께 영광을 (Glory to the Lamb)	Arr. by T. Brooks	158
	20. 주는 왕의 왕 (He is Still The King of Kings)	W. J. Gaither	163
성서	21. 나의 사랑하는 책 (There's dear and precious Book)	Arr. by 서은정	172
	22. 내 주 되신 주를 참 사랑하고 (My Jesus, I love Thee) 플룻	Arr. by P. Sjoluna	179
	23. 목마른 사슴 (As the Deer)	M. Nystrom	189
	24. 일어나 찬양 (Arise and Sing)	Arr. by P. Ferrin	196
	25. 내 영혼에 햇빛 비치니 (Sunshine in my soul)	Arr. by J. Coates	208
	26. 주님께 경배드리세 (Come, let us Worship and Bow down)	D. Doherty	217
대강절	27. 그날 밤 (That Night)	Arr. by R. Huff	222
성탄	28. 기쁘다 구주 오셨네 - 할렐루야 (Joy To The World - Hallelujah)	Arr. by R. Camichael	228
	29. 저 장미꽃 위에 이슬 (I come to the garden alone)	Arr. by 서지웅	237
신년감사	30. 믿음으로 돌파하리 (I will break through)	유미	247
	31. 하나님께 영광 (To God by the Glory)	A. Crouch	256
	32. 사랑해요 목소리 높여 (I Love You, Lord)	L. Klein	266
	33. 면류관 드리세 (Crown Him)	Arr. by D. Hart	271
	34. 산으로 올라가네 (Climbin up The Mountain)	Arr. by Noblecain	278
입례	35. 주 하나님 임재 앞에 (The presence of the Lord)	김주열	286
기도	36. 두 손 모아 간절히 기도 드리오니 (We pray earnestly with our hands together)	김주열	288
송영	37. 매일 찬양의 옷을 입고 (Wearing clothes of praise every day)	김주열	290

내가 산을 향하여 눈을 드니
(I Lift up my eyes to the hills)

for SATB Choir, Flute, Oboe Duet & piano accompaniment

[시편 121 : 1-6]

Music by **Allen Pote**

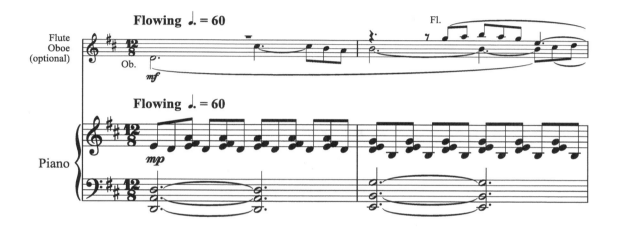

14

Flute & Oboe
(optional)

내가 산을 향하여 눈을 드니
(I Lift up my eyes to the hills)

Music by **Allen Pote**

주께 가오니
(The Power of Your Love)

for SATB Choir & piano accompaniment

[이사야 40:31]

Words & Music by **Geoff Bullock**

주께가 오니 - 날새롭게 하 시고

- 주의은혜 를 부어주 - 소서

21

22

23

찬양해 주님을
(Praise the Lord)

for SATB Choir & piano accompaniment

[시편 92:1-3]

Words & Music by 유 미

그 손 예수라
(The hand is Jesus)

for SATB Choir, Tenor, Baritone Soloists & piano accompaniment

[욥기 23 :10, 이사야 41: 10]

Words & Music by 김선만

41

라　　아　　멘

라　　아　멘

라　　아　멘

우리 눈 여소서
(Open our eyes)

for SATB Choir & piano accompaniment

[에베소서 1:17-19]

Music by **Will C. Macfarlane**

46

50

51

나 어느 날 꿈속을 헤매며
(In fancy I stood by the store, one day)

for SATB Choir & piano accompaniment

[마태복음 8:23-27]

Music by **L. N. Morris**
Arr. by 이진아

58

60

사 랑과은혜넘 쳐 주 뵈 옵고 그 후 로

부 - 터 내구주로섬겼 네 - 내가

rit.

영 원히사 모할 주 님 나를영 원히 사 랑하는

Hum - 주 님 Hum -

Dramatically ♩. = 34

손뼉쳐라
(Clap Your Hands)

for SATB Choir, Bongos & Cowbell accompaniment

[시편 150:1-6]

Music by **David Eddleman**
홍정표 역

74

기쁜 찬양의 노래
(A Song of Joyful Praise)

for SATB Choir & piano accompaniment

[시편 100:1-5]

Words & Music by **N. Price & D. Besig**
홍정표 역

다 소리 - 높여 - 새 노래로 주 찬 양 - -

다 소리 - 높여 - 새 노래로 주

갈보리에서 주와 함께
(Face to Face at Calvary)

for SATB Choir & piano accompaniment

[마태복음 26:36-39]

Words & Music by **P. M. Liebergen**
권혜란 역

84

85

죽으신 주님
(He Chose to Die)

for SATB Choir, Cello Solo & piano accompaniment

Music by **Patti Drennan**
김진수 역

[요한복음 19:16-19]

90

92

94

Cello (optional)

죽으신 주님
(He Chose to Die)

Music by **Patti Drennan**
김진수 역

소리 높여 호산나
(Shout to the King Hosanna!)

for SATB Choir & piano accompaniment

[요한복음 12:12-15]

Words & Music by **Mark Patterson**
홍정표 역

왕되신주 - 호 산 나 복있도다 - 오

외쳐대는 - 저 소 리들으 라 -

시 는 자 -

Meno mosso

종

101

102

소리높여- 호 산 나

왕되신주 - 호 산 나   소리높여- 호 산 나

복있도다- 오 시 는 자 -

살아계신 주
(He Lives)

for SATB Choir & piano accompaniment

[마태복음 28:5-7]

Music by **Joe E. Parks**

기 뻐 하 자 주 다 시 사 셨

106

108

110

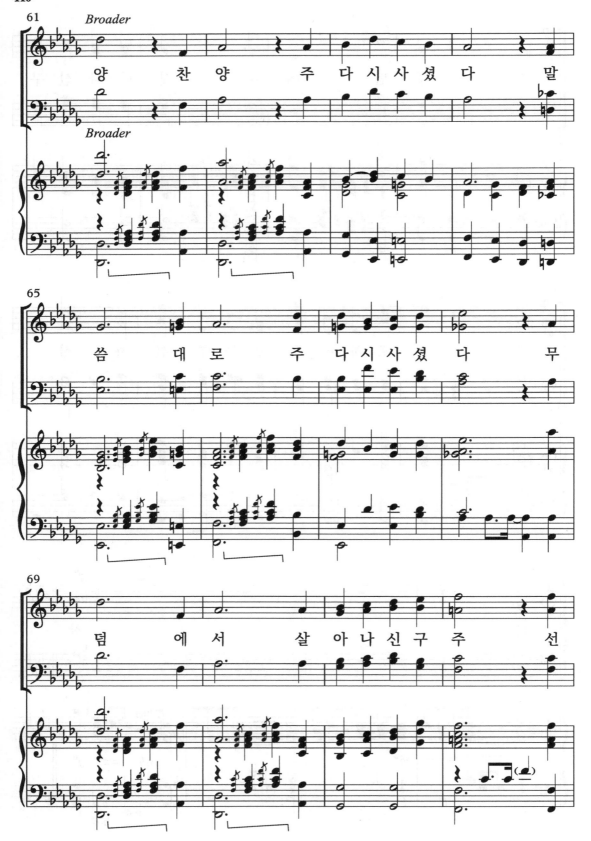

예수께로 가면
(If I go to Jesus, He will make me glad)

for SATB Choir & piano accompaniment

[누가복음 18:15-17]

Arr. by 서지웅

Joyfully, purely ♩. = 96

Piano

Sop.&Alto

예 수 께 로 가 면- 나 는 기 뻐 요 -

114

118

언제나 바라봐도
(When I look at my mother)

for Flute Solo, SATB Choir & piano accompaniment

Words by 김정준
Music by 박재훈
Arr. by 남지영

[딤후 1:5]

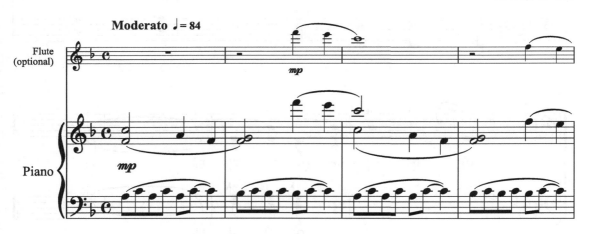

언 제 나 바 라 봐 도 늘 보 고 싶 은 분

122

124

음 성 귓 가 에들리네

어 머 니 크 신 사 랑 뉘 감 히

126

128

Flute
(optional)

언제나 바라봐도
(When I look at my mother)

빛이 되시는 성령이여
(O Come, Sweet Spirit)

for SATB Choir & piano accompaniment

Waly, Waly Folk Song
Adapted and Arr. by **Luigi Zaninelli**
Words by **S. Brown**
주정식 역

[요한일서 1:5-7]

134

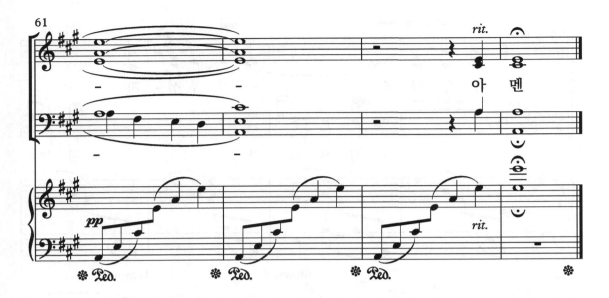

주님께서 세운 교회
(A Church bulit by the Lord)

for SATB Choir & piano accompaniment

[고린도전서 3:9-11]

Music by 황의구

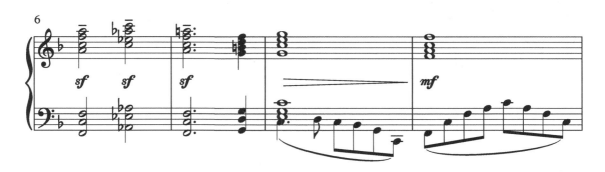

주님 께 서 세 운 교 - 회   날 로

날 로부흥되도 다 여기모인 주의백성 모두

은혜충만하 도 다 주님 은혜충만하 도 다

주 님

감 사 해　주 님 께 감 사 드 리 세

주의 이름 송축하리
(The Name of the Lord)

for SATB Choir & piano accompaniment

[시편 145:1-5]

Words & Music by **Clinton Utterbach**
Arr. by **Carol Cymbalia**

144

146

추수 찬미
(Come Ye Thankful People)

for SATB Choir & piano accompaniment

[야고보서 5:7-8]

Music by **Van Denman Thompson**

150

함 께 모 여 서 감 사 찬 송 부 르 라

감 사 찬 송 부 르 라

우 리 주 하 나

154

어린 양께 영광을
(Glory to the Lamb)

for SATB Choir & piano accompaniment

[요한계시록 5:11-14]

Larry Dempsey
Arr. by **Tom Brooks**
홍정표 역

8va al Fine

주는 왕의 왕
(He is Still The King of Kings)

for S.A.T.B. Choir & piano accompaniment

[시편 98:4-6]

Music by **William J. Gaither**

49

왕이요 만 유 - 의 주 - 성도 들 기 꺼

54

이 면 류 관 드 시 레 우 -

받 으 시 기 에 합 당 하

우 -

167

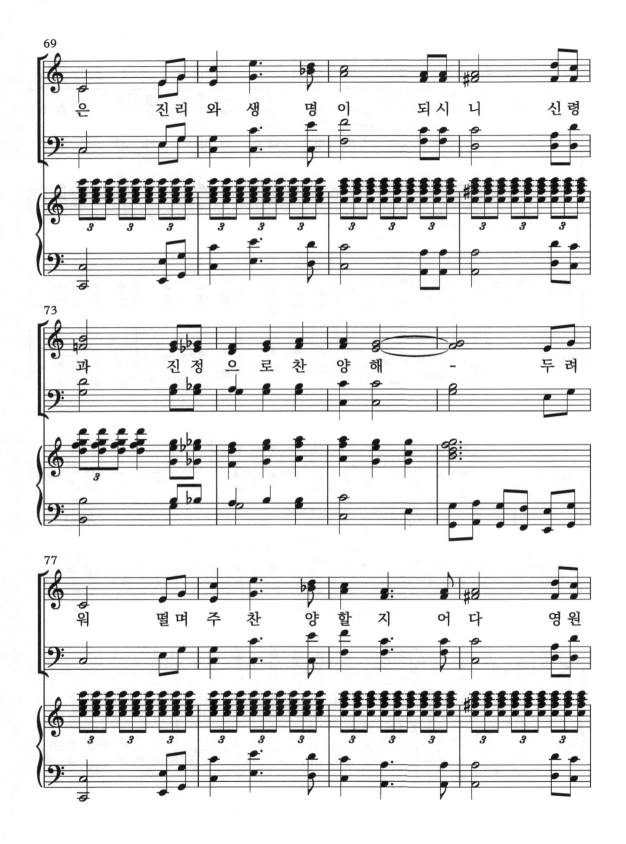

170

나의 사랑하는 책
(There's dear and precious Book)

for SATB Choir & piano accompaniment

[디모데후서 3:14-17]

Arr. by 서은정

173

176

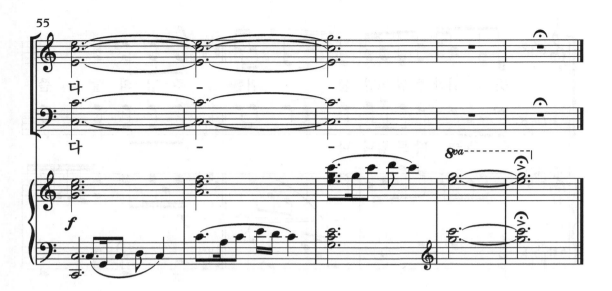

내 주 되신 주를 참 사랑하고
(My Jesus, I love Thee)

for Flute Solo, SATB Choir & piano accompaniment

Adoniram Gordon
Arr. by **Paul Sjoluna**

[요한복음 21:15-17]

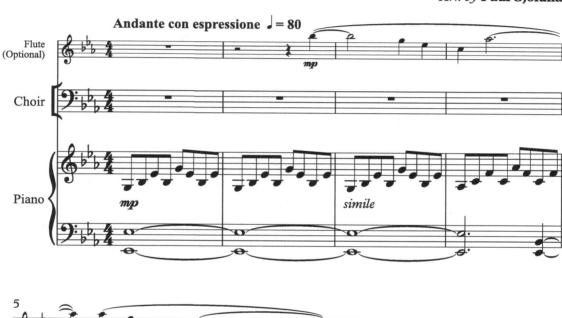

(Piano) L. H. - Octaves (if Piano)

181

182

Sop.&Alto

큰   영 광 의 구 - 주 날

Ten.&Bass

사 랑 하 사   그 풍 성 한 은 - 혜 더

Org. Ped. only

185

Flute
(Optional)

내 주 되신 주를 참 사랑하고

(My Jesus, I love Thee)

Adoniram Gordon
Arr. by **Paul Sjoluna**

목마른 사슴
(As the Deer)

for SATB Choir & piano accompaniment

[시편 42:1-5]

Words & Music by **Martin Nystrom**

192

의 방 패 나 의 참 소 망 - 나 의 몸 정 성

다 바 쳐 서 주 님 경 배 합 니 다

(Flute Solo)

이 세 상 어떤 것 - 다 더 더욱 사 랑합 니

다 주 님 만 이 - 나 의 힘 나

의 방 패 나 의 참 소 망 -

일어나 찬양
(Arise and Sing)

for SATB Choir & piano accompaniment

[시편 34:1-3]

Arr. by **Paul Ferrin**

198

널 - 구 원 하 - 셨 네   마 음 열 고 기 뻐 해

주   앞 에 서   마 음 열 고 기 뻐 해 주   앞 에 서

마 음 열 고 기 뻐 해 주   앞 에 서 왕 되 신   하 나

영 - 혼아 기뻐하여 라 영혼아 내 라 영혼아

1st time : Chior unison on bottom notes
2nd time : Sop.&Ten Top notes and Alto&Bass bottom notes

나 는 주 님을 -

Maintain tempo　　Vampa as desired

찬 양합 니다 - 새 노래로주를 찬 양

202

204

Begin Slowing

새 노래로주를 찬 양

경 배 합 니 다 주 님 -

5

81

사 랑 합 니 다 주 님 - 영

205

206

반 으 소 서 - 주 님 - 사 랑 을

반 으 소 서 - 주 님 -

내 영혼에 햇빛 비치니
(Sunshine in my soul)

for SATB Choir & piano accompaniment

Music by **John R. Sweney**
Arr. by **John Coates**
홍정표 역

[고린도후서 4:4-6]

Moderate "Gospel-Rock" tempo-not too fast ♩ = 108-120

빛 내게 비춰 주시옵소서 - 그 -

그 빛 비추어 주시옵소서

밝은 빛 주 얼굴 뵈올때 나의 영혼 기쁘다

나의 영 - 혼에

212

주님께 경배드리세
(Come, Let Us Worship and Bow Down)

for SATB Choir & piano accompaniment

[시편 95:1-6]

Music by **Dave Doherty**
황태영 역

1st time : All Parts melody
2nd time : Parts

218

220

백 - 성 그의 손 - 의 양이라 그의

손 - 의 양이라

그날 밤
(That Night)

for SATB Choir & piano accompaniment

Words & Music by **John W. Thompson**
Arr. by **Ronn Huff**
황태영 역

[누가복음 2:10-14]

천 한   말구유에   독 생 자 - 보내

사   우리를   구 원 해주 - 셨 네

- 주 님   - 이 오셨을 때에 -   만물 은   놀라

224

상만물아 주찬양하여라

아멘

기쁘다 구주 오셨네 할렐루야
(Joy To The World - Hallelujah)

for SATB Choir, Children Choir & piano accompaniment

G. F. Handel
Arr. by **Ralph Camichael**

[누가복음 2:10-14]

232

저 장미꽃 위에 이슬
(I come to the garden alone)

for SATB Choir & piano accompaniment

[요한복음 20:17-20]

Words & Music by **C. A. Miles**
Arr. by 서지웅

243

244

246

사 – 람이

없 도 다   아 멘

믿음으로 돌파하리
(Break Through)

for SATB Choir & piano accompaniment

[요한일서 5:4]

Words & Music by 유 미

248

나 아 가 네

나 의 믿 음

연 - 약 해 도 주 님 만 의 지 하

251

하나님께 영광
(To God by the glory)

for Solo voice, SATB Choir & piano accompaniment

[빌립보서 5:5-11]

Words & Music by **Andraé Crouch**

259

261

264

사랑해요 목소리 높여
(I Love You, Lord)

for SATB Choir & piano accompaniment

[시편 5:1-3]

Music by **Laurie Klein**

268

269

면류관 드리세
(Crown Him)

for SATB Choir & piano accompaniment

[요한계시록 4:10-11]

Words & Music by **J. Benward, G. Buth**
Arr. by **Don Hart**
홍정표 역

272

산으로 올라가네
(Climbin Up The Mountain)

for SATB Choir & piano accompaniment

Spiritual
Concert Version by **Noblecain**
나영수 역

[출애굽기 5:1, 다니엘 6:20]

282

입례송 기도송 축도송

"이 백성은 내가 나를 위하여 지었나니
나의 찬송을 부르게 하려 함이니라."

[이사야 43:21]

입례송

주 하나님 임재 앞에
(The presence of the Lord)

for SATB Choir & piano accompaniment

Words & Music by 김주열

임재 안에 거하며 ♩= 115

Choir

Piano

주 하 나 님 임재 앞 - 에 겸 손 히

나 아 갑 - 니 다 존 귀 와 찬 양 과

영광과 경배를주 께드 - 리 니 주 님 홀로 영

광 받아주옵소 서 아 -

아 - 멘 -

기도송

두 손 모아 간절히 기도 드리오니
(We pray earnestly with our hands together)

for SATB Choir & piano accompaniment

Words & Music by 김주열

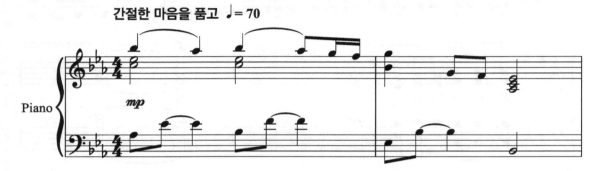

두 손 모아 간절히 기도 드리오니 응 답하소서 -

축도송

매일 찬양의 옷을 입고
(Wearing clothes of praise every day)

for SATB Choir & piano accompaniment

Words & Music is by 김주열

292

와이즈성가
Beyond Praise

WISEMUSIC BEST PRAISE SERIES

와이즈성가 VOL. 11 "내가 산을 향하여"
(I lift up my eyes to the hills)

인 쇄 2023년 6월 25일(초판1쇄)
발 행 2023년 6월 25일
발행인 강하늘
편 집 와이즈뮤직 출판부(정서연, 박경열)
디자인 와이즈뮤직 편집부(이선영)
발행처 와이즈뮤직/와이즈성가
　　　　서울시 노원구 초안산로 19, 302호
　　　　Tel : 1800-9556(전국대표번호)
　　　　출판등록 : 제25100-2017-000060호
　　　　교회음악전문출판 와이즈뮤직
　　　　www.wise21.com

정가 15,000원